RÉUNION

DE

LA GAUCHE RÉPUBLICAINE

DE LA

CHAMBRE DES DÉPUTÉS

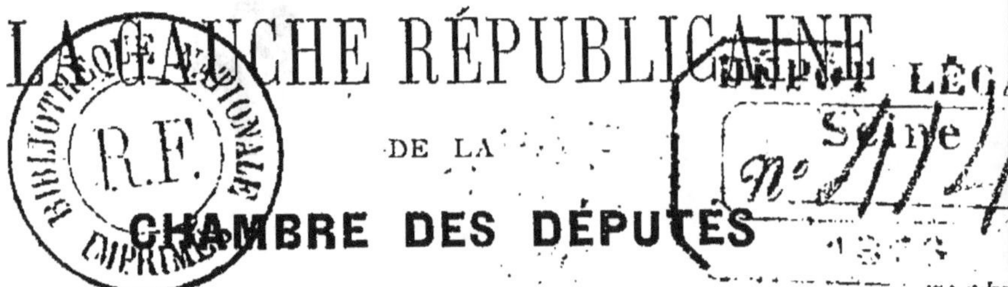

SÉANCE DU 19 MARS 1876

DISCOURS

Prononcé par M. Jules FERRY

PRÉSIDENT

PARIS

IMPRIMERIE DE DUBUISSON ET Cie

5, RUE COQ-HÉRON, 5

1876

RÉUNION

DE

LA GAUCHE RÉPUBLICAINE

DE LA

CHAMBRE DES DÉPUTÉS

Séance du 19 Mars 1876

DISCOURS

Prononcé par **M. Jules FERRY**, Président

MESSIEURS ET CHERS COLLÈGUES,

En reconstituant, par vos adhésions réfléchies, la réunion de la Gauche républicaine, et en m'appelant à ce grand honneur de la présider, vous avez voulu marquer nettement le lien entre la politique que vous entendez suivre et celle que vos prédécesseurs ont pratiquée pendant cinq ans.

Le parti républicain n'en est plus, en effet, aux tâtonnements et aux aventures ; en attirant à lui la majorité de la nation, il a conquis définitivement son équilibre,

il marche et se développe avec ordre, comme les êtres en pleine croissance ; c'est en vain que ses ennemis l'accusent d'une instabilité incurable, et le représentent comme substituant incessamment, ainsi qu'un flot pousse l'autre, les impatients aux modérés, les violents aux sages. Ceux qui nous dépeignent ainsi, messieurs, ne nous connaissent pas, ou, sciemment, ils nous calomnient. (Applaudissements.)

Le groupe dont les anciens membres de cette réunion représentent ici les traditions s'était particulièrement attaché à démentir, par sa conduite dans la dernière Assemblée, cette fausse et dangereuse légende. Dans la période agitée qui a précédé le 24 mai, comme dans les temps périlleux qui l'ont suivi, vos prédécesseurs n'ont jamais eu qu'un but : donner au pays le spectacle et l'exemple d'un grand parti républicain en pleine possession de lui-même. (Très-bien ! très-bien !)

J'ose dire que ce but, ils l'ont largement atteint, que leur patience a reçu sa récompense, puisqu'elle a trouvé des imitateurs, puisque, finalement, c'est autour des idées de transaction, de sagesse, de mesure, que s'est réalisée, dans l'Assemblée nationale d'abord, dans les élections ensuite, cette grande union des Gauches, la source de nos succès dans le passé, le gage de notre force dans l'avenir. (Vive approbation !)

Messieurs ! nous avons appris deux grandes choses dans l'Assemblée qui vient de finir : à être unis, à être sages. Il me semble que nous ne venons ici ni les uns ni les autres pour les désapprendre.

L'union des Gauches, d'abord ! J'affirme qu'elle n'a jamais été ni plus aisée, ni plus nécessaire. Mais fallait-il, pour la réaliser, aller jusqu'à la fusion? Nous ne l'avons pas cru.

Nous avons lutté, au risque de mettre contre nous les apparences de la mauvaise grâce, contre les entraînements de la première heure. Nous avons pensé que la méthode qui nous avait si bien réussi pendant cinq ans devait être continuée, qu'une tactique éprouvée vaut mieux qu'une expérience à faire, en un mot, que pour rester unis, vraiment unis, unis sans trompe-l'œil

réformes, non pour eux, mais pour elles-mêmes. (Vif assentiment.)

Ces vœux n'ont d'ailleurs rien qui soit pour alarmer les plus timides. Le grand prédicateur de sagesse et de bon sens, n'est-ce pas, à l'heure qu'il est, l'opinion elle-même ? Jamais l'esprit public ne s'est montré, au lendemain d'un grand mouvement politique, aussi dégagé d'utopies ; jamais nation reprenant possession d'elle-même ne fut plus facile à satisfaire.

On a vu, dans d'autres temps, un peuple enflammé demander au gouvernement républicain la réalisation immédiate de tous les rêves, de toutes les chimères, et la République elle-même s'affaisser sous le poids d'une déception inévitable. Rien de pareil aujourd'hui, rien d'analogue. On sommait les ministres républicains, il y a vingt-cinq ans, de changer d'un coup de baguette la société tout entière. Heureux ministres de 1876, la France ne vous demande aujourd'hui que des changements de fonction-naires ! (Applaudissements prolongés.)

Et ces vœux si modestes, si légitimes,

ne seraient pas exaucés ! Le croyez-vous possible, messieurs, et imaginez-vous qu'il existe à cette heure un homme d'Etat assez insensé pour en tenter résolûment l'aventure ?

Pour moi, je ne le crois pas, messieurs, et j'en ai pour garant, non-seulement la loyauté du cabinet, mais son esprit et son bon sens. J'en ai pour gage un auxiliaire tout-puissant qui n'a jamais fait défaut à la République dans les récentes crises de son histoire : la force des choses. Il y a des situations politiques qui peuvent recevoir deux ou trois solutions différentes : la situation présente n'en comporte qu'une seule.

Il en sera de la transformation républicaine du personnel administratif comme de la République elle-même : nous avons vu la République sortir, au sein d'une Assemblée monarchique, de la nécessité des choses, parce que, quels que soient le milieu et les résistances, la chose unique qui est à faire se fait toujours. Et nous pourrions croire, avec une République constituée, un pays républicain et une majorité républi-

dans les gouvernemens despotiques. On peut dire en outre que le corps politique paraît avoir ses quatre âges comme le corps humain. L'enfance des sociétés dût être la première agglomération. Les premières peuplades qui se sont réunies, les anciens, les pères, dûrent présider à ces essais encore informes; la jeunesse serait la république qui avait dû suivre, forte de toute la vigueur de sa sève; ensuite la monarchie représenterait l'âge viril, époque à laquelle l'homme fait beaucoup moins abnégation de lui-même, et pare souvent du manteau de l'honneur, le véritable acte de l'égoïsme; enfin le despotisme ou la vieillesse, après quoi la mort.

De savants publicistes, de profonds observateurs ont remarqué que la civilisation avait un mouvement de rotation autour du globe. Ce mouvement séculaire, insensible, imprimé par le temps, cet inexorable et terrible maître, ne peut être entièrement comprimé. Est-il possible de le retarder? Un homme célèbre de 93 osa émettre cette affreuse maxime : *que les nations se régénéraient dans des bains de sang.* La mort violente et presque instantanée des hommes et des institutions éphémères de cette époque, a suffisamment réfuté l'atroce cannibale. Une série de révolutions, c'est-à-dire de douloureuses expériences faites en sens divers, et où chacun a pu recueillir sa part d'infortunes, nous sépare de ces temps calamiteux. Il y a peu de bonne foi à les rappeler sans cesse. Par opposition j'entrevois au contraire, un but noble, louable, et véritablement digne d'homme de bien : ramener l'empire des mœurs par celui de la religion; l'obéissance à l'autorité par l'amour et le dévouement dû au souverain légitime; faire reconnaître la nécessité d'une classification, d'une hiérarchie dans la société, à qui la nature sert d'exemple en créant des hommes grands et petits, des esprits sublimes et des imbéciles, tel est le but que l'on ne peut méconnaître ; mais doit-il être atteint insensiblement, par l'exemple et la persuasion, ou doit-on y arriver de suite et de vive force, et la politique doit-elle s'emparer du *compelle intrare* abandonné par les ministres de la religion ? Les moyens sont-ils en harmonie avec la fin qu'on se propose ? Certains agens dont le ministère est d'ailleurs si respectable et si auguste, ne s'écartent-ils pas trop évidemment de la tâche qui leur est imposée ? Ne confondons pas trop les époques, les moyens de communication, les arts, l'industrie, étaient-ils les mêmes sous Henri IV que de nos jours ? Les finances des états étaient-elles entre les mains de particuliers comme de notre temps, où un gouvernement ne peut plus former la moindre entreprise extraordinaire sans avoir recours à un emprunt ? Et le crédit ne vit-il pas de sécurités et de garanties ? Et l'arbitraire en détruisant les uns ne donne-t-il pas inévitablement la mort à l'autre ? Les capitales étaient-elles aussi vastes ? Étaient-elles des gouffres où tous les ordres de l'état se confondent, où tous les pouvoirs s'amoncèlent, lorsque le reste de l'état semble considéré seulement comme matière imposable ? Un artisan léguait-il à ses enfans 30 à 40,000 francs de rente, et Duclos, le moraliste, avait-il consacré cette importante vérité, que le premier de Paris est celui qui a les meilleurs chevaux à son carosse ? Un ouvrier ordinaire gagnait-il 5 à 6 francs par jour, et cet état d'aisance ne rend-il pas la profession de soldat insupportable ? Un comédien avait-il autant et plus de traitement qu'un officier général ? Était-il admis à peu-près dans les mêmes cercles ? Le luxe et la licence effrénée dont nous sommes témoins, avaient-il fait dans les basses classes autant de progrès qu'aujourd'hui ? Le besoin de spectacles était-il aussi impérieux et aussi favo-

regardons - y de bien près, nous trouverons toujours quelque chose de neuf, et ces changemens seront dans les mœurs lorsqu'ils ne seront pas dans les lois. Si notre régime constitutionnel se consolide, comme tout porte à le croire, que deviendront ces jeunes gens sous un gouvernement où chacun est apprécié à sa juste valeur et employé selon la capacité dont il aura fait preuve ? En cessant d'être au niveau de la civilisation moderne et des institutions politiques des peuples les plus marquans du monde, voudrait-on admettre la possibilité de reconstruire l'édifice social tel qu'il était en France en 89; mais où sont les élémens pour recomposer ces grands corps de magistrature, alors contrepoids politique sous l'ancienne monarchie ? Pour leur rendre leur indépendance, il faut la vénalité, la transmission des charges; il faut aussi cet esprit de corps qui a dû s'évaporer pour toujours ; cette instruction profonde et spéciale ; ces grandes fortunes, et ce noble désintéressement que le haut prix des denrées et la cherté de la main-d'œuvre a rendu si difficile à trouver : car aujourd'hui, en France comme en Angleterre, il est réservé à un très-petit nombre de gros capitalistes ou propriétaires de vivre uniquement de leurs rentes. Qu'est devenu ce haut-clergé, si puissant par ses richesses et ses privilèges, et qui était aussi un contrepoids dans notre système politique ? Nos institutions constitutionnelles détruites et l'impossibilité de reconstruire l'ancien édifice social, emmènent nécessairement le despotisme. Mais je dirais à la face de M. Linguet lui-même, s'il vivait encore, que cette forme de gouvernement, si l'on peut l'appeler ainsi, reconnue destructive de toutes lumières et de toute prospérité, est impraticable au milieu de notre vieille Europe. Cet état est essentiellement un état militaire. Tout le temps qu'il combat il peut se maintenir, s'il a des succès ; mais la paix est pour lui un état de mort. Il ne peut rester stationnaire ; dès qu'il n'avance plus , il commence à reculer : il faut examiner l'empire Turc à l'appui de cette vérité. Lorsque les Mahomet, les Soliman , toujours à la tête de leurs armées , étaient continuellement en guerre avec les peuples de la chrétienté , l'empire Turc a paru jouir de ce faux embonpoint que donnent les succès militaires ; mais plus tard , lorsque leurs successeurs, amollis par les délices du sérail , ont recherché les charmes de la paix, cet empire a toujours été en déclinant. Le temps qui l'entraîne vers une destruction inévitable a paru ralentir sa course devant la politique de quelques états de l'Europe ; mais dans sa marche plus ou moins précipitée, il ne fait jamais de pas rétrograde , et dans peu les sultans, comme les derniers empereurs Grecs dont ils ont pris la place, n'auront guère, sous leur domination , que Constantinople et la banlieue : il est de la politique de quelque puissance de l'Europe que cet état disparaisse comme inapperçu.

Toutes ces considérations sont généralement senties par les meilleurs esprits de tous les côtés. Les mêmes idées fondamentales, les mêmes idées constitutionnelles, à quelques légères variantes près , existent dans les discours, dans les écrits, des membres les plus influens des deux partis. Qui peut donc les diviser ? faut-il le dire , c'est l'exercice du pouvoir. L'histoire de France est pleine du récit des discordes civiles qui ont ensanglanté notre belle patrie , toujours pour le même motif. L'historien philosophe observe que, pendant nos débats domestiques, les Portugais et les Espagnols faisaient la conquête et s'emparaient du commerce des deux Indes, et qu'enfin, avisés trop tard , nous arrivions pour glaner là où les autres avaient amplement moissonné. Après des efforts convulsifs, et un embonpoint politique qui n'était en ef-

gnoles, rendent cette vérité incontestable. Bien plus, le besoin d'échanger le superflu de leurs denrées, et leur or à verser chez nous en échange de nos produits industriels, leur rendent indispensable, des relations commerciales et même politiques avec les états de l'Europe. Honneur au diplomate qui vient de terminer heureusement les démêlés d'intérêt commercial qui nous divisaient avec l'Amérique du nord. Des traités d'un avantage réciproque nous ouvriront sans doute bientôt les riches marchés de l'Amérique du sud; alors une jeunesse inquiète encore parce qu'elle tâtonne, parce que des débouchés faciles ne lui sont pas ouverts, parce qu'elle s'encombre dans le peu de voies qu'elle peut encore parcourir; cette jeunesse à qui la vie rurale de nos pères ne peut plus convenir; cette jeunesse dominée par cet esprit du siècle que l'on chasse d'un côté et qui reparaît de l'autre, parce que notre révolution s'est faite encore plus dans les mœurs que dans l'ordre politique; cette jeunesse, enfin, pétulante, mais instruite, mais d'une éducation plus mâle qu'autrefois, mais aimant essentiellement sa patrie, trouvera à s'employer avantageusement pour elle-même et pour le bien de l'État. Plus désintéressés que ces écrivains faméliques qui proclament qu'un gros budget, d'énormes dépenses, de grands traitemens servent à la splendeur du trône d'un grand État, dans l'espoir secret d'obtenir une part abondante dans cette immense distribution, ces jeunes gens, s'ils acquièrent les biens de la fortune, ne les devront qu'à eux-mêmes et à leurs travaux. Riches en même-temps des leçons de l'expérience, ils rentreront plus tard dans le sein de la mère-patrie, et iront peut-être s'asseoir au premier rang des hommes d'État, ou feront entendre du haut de la tribune parlementaire les accens d'un patriotisme d'autant plus vrai qu'il se sera fortifié de tout ce que lui donne d'énergie un long séjour sur la terre étrangère. Alors, peut-être, serons-nous persuadés que toute assemblée politique, dont les discussions sont libres, porte avec elle ses élémens d'opposition ; et, peut-être, ne sera-t-on pas aussi enclin à signaler comme de nouveaux Gracchus, quelques membres de la minorité, dont la véhémence oratoire se sera exaltée en raison des obstacles qu'ils auront rencontrés pour manifester leur opinion.

Résumons-nous donc, et disons qu'il y aurait par trop de simplicité à ne pas supposer, à chaque Puissance du congrès, une arrière-pensée d'intérêt particulier, à laquelle sont subordonnées toutes les vues générales d'ordre et de paix, dont je suis loin de croire, d'ailleurs, qu'on ne soit point animé. Chaque jour la difficulté de maintenir cette paix, cette harmonie générale, se fait sentir davantage. Un foyer de guerre, d'insurrection ou de discorde civile, s'éteint à une extrémité de l'Europe, il s'en allume un autre plus loin ou tout à côté. Savons-nous quels événemens renferme l'an 1823, qui approche ? La Turquie qui sent combien sa position est critique, resserrée par le colosse de puissance qui est à ses portes, doit profiter de l'espèce d'effroi que témoignent les potentats sur l'esprit insurrectionnel attribué aux peuples de la chrétienté ; et je ne serai pas étonné de voir le divan aller jusqu'à réclamer à la Russie Oczakow et la Krimée. La longanimité de l'empereur Alexandre, déjà l'objet des murmures d'une partie de ses sujets, doit donc également avoir un terme ; son intérêt particulier lui dit impérieusement qu'il doit profiter des circonstances les plus favorables. Le royaume de Prusse et l'empire d'Autriche ne forment point un tout homogène et compact. La première guerre sé-

rieuse peut amener la dislocation de cette réunion récente et forcée de parties hétérogènes. Ces deux gouvernemens ont un intérêt particulier au maintien de la
paix générale, si nous y joignons surtout le dérangement
des finances et les dispositions peu bienveillantes des
peuples nouvellement agrégés. Il ne peut donc y avoir
long-temps unité de vues et d'intérêts entre la Russie,
la Prusse et l'Autriche. Nous avons aussi notre intérêt
particulier auquel nous devons d'autant plus tenir, qu'il
contrarie moins l'harmonie générale. La position topo-
graphique de l'Espagne, et sa faiblesse, suite des maux
qu'elle a souffert et des efforts qu'elle a faits depuis 1808,
la rendent d'un poids bien léger dans la balance politique de l'Europe ; elle n'est d'une importance majeure
que pour nous. Mais une expérience récente et coûteuse
ainsi que notre état de convalescence politique, nous
défendent de céder à toute impulsion étrangère qui
tendrait à nous faire prendre part à ses démêlés domestiques. Bien plus, nos relations commerciales at-
tendent impatiemment la pacification de la Péninsule,
et nous avons à mettre à profit l'exemple de l'Angleterre, dont le commerce et la prospérité grandissent
de toutes les haines, de toutes les rivalités, et de toutes
les craintes semées sur le continent

Concourons franchement à l'harmonie générale des
états de l'Europe ; mais ne faisons point abnégation de
nos intérêts particuliers, et léguons à nos arrières-ne-
veux cette Charte constitutionnelle, palladium de nos
libertés publiques, et gage certain de notre prospérité
à venir.

PAR M. FRANKOUAL,
Officier d'infanterie en réforme.

I

IMPRMERE DE P. DUPONT.